NOTICE ETHNOGRAPHIQUE

DE

L'ENCYCLOPÉDIE JAPONAISE

Wa - kan - san - saï - dzou - yé

PAR

LÉON DE ROSNY

Secrétaire-perpétuel de la Société d'Ethnographie,
membre du Conseil de la Société asiatique, etc.

PARIS

MAISONNEUVE & C°, libraires-éditeurs
pour les langues orientales, étrangères et comparées
15, quai Voltaire, à la *Tour de Babel.*

1861

NOTICE ETHNOGRAPHIQUE

DE

L'ENCYCLOPÉDIE JAPONAISE

Wa-kan-san-saï-dzou-yé.

Les orientalistes désignent sous le nom de grande Encyclopédie japonaise, un ouvrage intitulé :  *Wa-kan-san-saï-dzou-yé*, «les trois principes (le ciel, la terre, l'homme), d'après les Japonais et les Chinois, avec planches et tables », publié par Sima-Yosi Ankô, en 105 volumes in-8. L'édition que nous avons sous les yeux porte la date de 1014.

Une section particulière de ce précieux ouvrage a été consacrée à l'ethnographie. On y trouve des notices plus ou moins étendues sur les différents peuples connus des Japonais à l'époque où a écrit l'auteur. Quelques-unes sont accompagnées d'un vocabulaire de la langue parlée par ces peuples. Je vais donner un aperçu rapide de cette section, afin de répondre au désir de quelques-uns de mes savants collègues de la Société d'Ethnographie qui ont pensé, avec raison, que l'étude de la grande Encyclopédie japonaise éclaircirait bon nombre de questions restées obscures dans le domaine de la civilisation orientale [1].

La section ethnographique de la grande Encyclopédie japonaise forme les livres XIII et XIV de l'ouvrage. Le premier traite « des hommes des pays étrangers » ; le second « des peuplades barbares ou sauvages. »

A la tête du livre consacré aux hommes des pays étrangers se trouve une notice sur les Chinois ou *Sin-tan* (en japonais 毛呂古之 *morokosi*). L'auteur s'occupe d'abord des divisions de l'empire sous les diverses dynasties, depuis le règne du grand Yu.

---

[1] Le manuscrit de cet article renfermait la traduction complète de plusieurs des notices ethnographiques de l'Encyclopédie japonaise. Le cadre exigu de cet *Annuaire* a obligé l'auteur à en différer la publication. — A. C.

Il traite ensuite de la chronologie, en prenant pour point de départ les périodes fabuleuses.

On y lit ce qui suit :

« La dynastie des souverains célestes dura 48,000 années; la dynastie des souverains terrestres 11,000 années; la dynastie des souverains humains 45,600 années. Ensemble elles gouvernèrent l'empire pendant 74,600 ans. On les désigne sous le nom de *San-tsaï*, « les trois principes, » du ciel, de la terre et de l'homme. C'est à eux qu'on doit d'avoir commencé à déterminer les années et les mois, à tracer le cours des nuits et à nourrir les hommes et les femmes. »

Il est ensuite question de *Yéou-tsao* et de *Souï-jin*, qui dirigèrent les tribus chinoises avant la constitution régulière de l'empire sous *Fou-hi*. Puis viennent les règnes de *Chin-noung* « le divin laboureur », autrement appelé *Ho-ti* « l'empereur du feu », et *Han-youen*, plus connu sous le nom de *Hoang-ti* « l'empereur jaune ». « L'époque supérieure, dit l'Encyclopédie japonaise, se nomme haute antiquité; Fou-hi, Chin-noung et Hoang-ti forment ce qu'on appelle les trois Augustes. *(san-hoang)*. »

Après avoir mentionné les princes qui suc

cédèrent à Hoang-ti jusqu'à l'époque des saints empereurs Yao et Chun, l'auteur commence l'examen général des dynasties chinoises par le grand Yu, chef et fondateur de la dynastie des *Hia*, et s'arrête au règne de Khang-hi, de la dynastie mandchoue des *Taï-tsin*, actuellement régnante.

La notice sur les Coréens, que l'auteur identifie avec les *Sien-pi* et les *Ki-lin* (*kirin*) mériterait d'être traduite d'un bout à l'autre. Suivant l'auteur, *Sien-pi* est le plus ancien nom de ce pays, auquel on a donné le nom de *Tchao-sien* « la fraîcheur du matin » à l'époque du *Tchéou*, et par la suite ceux de *Tsin-lo* ou *Sinra*, *Pe-tsaï* ou *Païktse*, et *Kao-li* ou *Ko-raï*, royaumes qui formaient les trois *han* (*San-kan*). Des renseignements sur ces trois royaumes sont donnés dans la suite de la notice, ainsi que des articles sur l'introduction du bouddhisme dans la presqu'île, sur le tribut que les Coréens vinrent payer au Japon, etc. Un vocabulaire coréen-japonais complète cette notice.

Le *Tsin-ra* est un pays peu connu. Dans les additions japonaises au *San-tsaï-tou-hoeï*, il est dit que « ce pays est une île au sud de l'ancien royaume de Paik-tse, qui

commença à entrer en rapport avec le Japon
la cinquième année du règne du mikado
Ten-tsi ten-wô (666 de notre ère). » Cette
île est désignée dans nos géographies sous
le nom de Quelpaerts.

Les *Orankaï* sont des peuples qui habitent
dans la mer septentrionale, au nord de Pé-
king, et dont « les mœurs sont identiques à
ceux des Tartares». « Ils habitent actuellement au nord-ouest de la Corée. »

Les *Lou-tchou* sont les habitants de la par-
tie méridionale de l'empire japonais. La
notice est étendue et riche en faits historiques
et ethnographiques. Ils ont une écriture pho-
nétique, et emploient tantôt le chinois, tantôt
le japonais. Un vocabulaire loutchouan-japo-
nais termine cet article.

Les *Yéso* sont l'objet d'une notice également fort intéressante dont nous avons donné
un extrait dans le *Journal asiatique*. Le
vocabulaire aïno-japonais qu'on y trouve
diffère assez sensiblement des autres voca-
bulaires que nous possédons de cette langue.
On ne peut cependant attribuer cette variation,
dont on parvient du reste à se rendre compte,
qu'à l'imperfection du système employé

par l'auteur japonais pour écrire les mots
aïnos.

Les *Tattan* sont les Tartares. L'auteur les
identifie avec un assez grand nombre de noms
ethnographiques, parmi lesquels sont les
Mongols, en chinois *Meng-kou*, en japonais
Moukouri, les Huns, en chinois *Hioung-nou*; les *Khitan*, les *Peh-tih*, etc. On trouve
à la fin de cette notice un vocabulaire de la
langue des Mongols.

Les *Jou-tchin* (Sin.-jap., *Dzyo-sin*), en japonais 阿 之 波 世 *Asivase*, sont
des peuples qui habitent au nord-est des
Khi-tan, et au bas du *Tchang-peh-chan*
« la grande montagne blanche », bien connue
des géographes.

Les *Taï-wan* ou *Takasako*, à cent li au
sud de *Ka-mon* (Emoy, province du Fouh-kien), sont les habitants de l'île de Formose.
Le pays est très-chaud; le printemps y res-semble aux étés de la Chine, et l'hiver aux
automnes. La race indigène est vile et mé-prisable. Elle est toujours nue et s'adonne à
la pêche et à la chasse. Sa nourriture ordi-naire est la chair crue du cerf, dont la peau
est pour les habitants un grand objet de tra-

fic. Dans l'antiquité, ils n'avaient pas de roi. Plus tard, les Hollandais s'y sont établis. — Dans la suite de la notice, il est question du fameux *Kok-sen-ya* (Koxinga) qui chassa les Hollandais, au commencement de la période *Kwan-boun* (1661-1662 de notre ère), et se fit proclamer souverain de l'île.

Les *Kiao-tchi* (*Ko-tsi*) sont les Annamiques proprement dits. La distance de leur pays au Japon, par mer, est de 1400 *li*. Suivant l'éditeur japonais, le climat de ce pays est très-chaud. On n'y voit jamais de gelée blanche ni de neige. Les hommes et les femmes, tous indistinctement, se teignent les dents. On y fait usage des caractères de la Chine [1].

Les *Tong-kin* « habitants de la capitale de l'est » sont les Tong-kinois ou Annamites de nord. On compte 1600 *li* de mer entre leur pays et le Japon. Le Tong-kin formait jadis un état indépendant de la Cochinchine. L'un

---

[1] Aujourd'hui l'écriture annamique, bien que renfermant la plupart des signes communément usités dans l'écriture chinoise, diffère cependant de cette dernière en ce qu'elle admet un grand nombre de signes vulgaires inconnus au Céleste-Empire. Voy. notre *Notice sur la langue annamique*, p. 10.

était séparé de l'autre par une montagne appelée *Kyanto*. Les hommes et les productions des deux pays sont les mêmes. Ils se servent de l'écriture chinoise et connaissent les *ou-king* (livres canoniques) et les *sse-chou* (livres moraux).

Comparativement au livre XIII que nous venons de passer en revue, le livre XIV de l'Encyclopédie japonaise ne renferme que de très courtes notices, et un certain nombre des peuples auxquels elles ont trait n'exista jamais que dans l'imagination des Orientaux. Ce second livre présente cependant un intérêt incontestable en ce qu'il s'occupe de beaucoup de pays réels qui nous sont à peine connus de nom.

Les notices sur le Siam et l'Archipel indien, notamment sur Java et sur quelques régions voisines de ces contrées, mériteraient tout particulièrement d'être traduites, surtout si l'on parvenait à identifier avec des localités connues les principaux noms géographiques qu'on y rencontre.

Le pays de *Maroka* (ملاك, Malâka) est situé au sud de la Cochinchine. Sous la dynastie des Ming, la troisième année de la période *Young-lo* (1405 de notre ère), le roi de ce pays, qui se nommait *Si-li-pa-œl Soula*, envoya des ambassadeurs porter le tribut à la cour et recevoir l'investiture.

Le *Siamouro* (Siam, en chinois *Sien-lo*) formait primitivement deux Etats: le pays de *Sien* et le pays de *Lo-hoh*. Le roi envoie chaque année trois vaisseaux marchands au Japon pour y commercer. Le six ou septième mois, ils profitent du vent du sud pour retourner dans leur pays. Anciennement, les marchands japonais. de leur côté, se rendaient en grand nombre dans le royaume de Siam pour s'y livrer au négoce.

Le *Laô-ta* (Laos, en chinois *Lao-tchoua*) est situé au nord ouest de l'empire d'Annam. Il formait anciennement le royaume de *Youeh-tchang-chi*. Les indigènes sont d'un caractère cruel et méchant.

Le royaume d'Espagne (*Isoufanya*), dit l'auteur japonais, est situé à l'ouest de la Hollande (*Oranda*). La distance qui le sépare du Japon est d'environ douze mille *ri* (lieues japonaises). On y pratique le culte de Jésus *(Ya-so siou)*, qu'on nomme aujourd'hui religion *Tsieh-sse-tan* (chrétienne).

La notice sur le Kamboje (sin.-jap. *Sin.-rò*, chinois: *Tchin-la)*, entre autres faits curieux, parle de la cérémonie suivant laquelle les prêtres bouddhiques sont chargés d'enlever la virginité aux jeunes filles qui vont se marier. Je donnerai, la première fois que j'en trouverai l'occasion, la traduction complète de cette notice, qui est une des plus intéressantes de la section que je parcours en ce moment.

L'article consacré à Java (jap. *Dzya-wa*; chin. *Kwa-wa*) est remarquable, non-seulement par les descriptions qu'il renferme, mais encore par quelques faits purement historiques. Le pays de *Kwa-wa* formait anciennement le pays de *Dja-va*. On l'appelle également *Pou-kia loung* (Sin.-jap., *Fou-ka-ryô*. Dans la période *Chun-hoa* (990-994 de notre ère), sous la dynastie des Soung, le roi de ce pays, nommé *Mouh-lo-tcha*, envoya une ambassade apporter le tribut à la cour. Au commencement de la période *Houng-wou* (1368-1398), sous la dynastie des Ming, le roi de ce pays, *Si-li Pah-tah-loh*, envoya son ministre, *Pah-ti-kou-pi*, porter le tribut à la cour. Depuis cette époque l'envoi du tribut n'a plus cessé.

Le *Fou-sang*, ce pays sur lequel on a déjà tant discuté et où l'on a cru voir l'Amérique, est l'objet d'une notice fort curieuse dans l'Encyclopédie. Cette région énigmatique, même pour l'auteur japonais, est située à l'est du *Ta-han Koueh*, à une distance d'environ 20,000 *li* à l'est, suivant l'autorité du *Tong-tien*. Le pays est à l'est de la Chine. Il y croît un grand nombre de *Fou-sang* (*Hibiscus rosa-sinensis*), dont les feuilles ressemblent à l'arbre 桐 *toung*. Les habitants possèdent une écriture et se font des vêtements avec l'écorce de l'arbre *fou-sang*. Ils élèvent des cerfs à l'instar de bœufs, et se font une boisson avec du lait. Le sol ne renferme point de fer, mais on y trouve du cuivre.

Une notice est consacrée au pays des Amazones, *Nyo-nin-gok* « le royaume des femmes ». Ce pays est situé, suivant certains géographes indigènes, au sud-est du grand Océan, et à l'est du pays de Fou-sang. Mais en général on varie beaucoup sur sa position.

Léon de Rosny.

CATALOGUE

DES

PUBLICATIONS ORIENTALES

DE

M. LÉON DE ROSNY

Secrétaire-perpétuel de la Société d'Ethnographie, — Membre du Conseil de la Société Asiatique de Paris, — Membre de la Société impériale des Sciences, de l'Agriculture et des Arts de Lille, — Associé-correspondant de la Société Orientale de Philadelphie, — Directeur de la *Revue orientale et américaine*, — Rédacteur de plusieurs journaux politiques et littéraires, etc., etc.

Introduction à l'étude de la langue japonaise. *Paris* (Maisonneuve et Cᵉ, éditeurs), 1856; in-4° avec 7 planches, sur fort papier vergé, 25 fr., sur papier ordinaire...................... .... 20 »

Dictionnaire japonais-français-anglais. *Paris* (Maisonneuve et Cᵉ, éditeurs), 1857-59; in-4° (publié en 10 livraisons)..... .... 60 »

Manuel de la lecture japonaise, à l'usage des voyageurs et des personnes qui veulent s'occuper de l'étude du japonais. *Amsterdam* (Van Bakkenes, éditeur), 1859; in-12........ .... 3 »

Handboekje voor de beginselen van het lezen en schryven der Japansche taal, ten gebruik van reizigers en dezulken die zich op de kennis van het Japansch wenschen toeteleggen, naar het fransch van Léon de Rosny. *Amsterdam* (L. van Bakkenes et Cⁱᵉ, éditeurs), 1859; in-12.................... 4 »

Recherches historiques et philologiques sur l'écriture des différents peuples anciens et modernes, précédées d'une introduction sur la classification des divers systèmes graphiques usités depuis l'antiquité jusqu'à nos jours. *Paris* (Maisonneuve et Cᵉ, éditeurs), 1857-59; in-4o. (Ouvrage accompagné d'une grande collection d'alphabets et de nombreux *fac-simile* d'écritures reproduits en or et en couleurs.)................, **25** »

Les Écritures figuratives et hiéroglyphiques. des différents peuples anciens et modernes. *Paris* (Maisonneuve et Cⁱᵉ, éditeurs), 1860. In-4°; avec 10 planches en noir et en couleur...................... **15** »

EN PRÉPARATION :

Études asiatiques de géographie et d'histoire. *Paris* (Challamel aîné, éditeur). 1 fort vol. in-8° (sous presse).

A Grammar of the Chinese language. *London*, (Allen and C°, publishers of the East India Company). Impérial octavo (sous presse).

Catalogus plantarum in Japonia sponte nascentium, ex libris japonicis depromptus, studio Ludov.-Leon. de Rosny.

Chi-king ou Livre des vers et des chants populaires de la Chine antique, traduit pour la première fois en français, accompagné d'un commentaire perpétuel, de notes, et précédé d'un Mémoire sur l'état primitif de l'empire chinois. Un beau vol. in-8.

Paris. — Imp. H. CARION, rue Bonaparte, 64.